# DU
# DROIT DE VOTER

## ET DE LA

## VALEUR DU VOTE

PAR

**LE M<sup>is</sup> DE BIENCOURT**

PARIS

E. DENTU, LIBRAIRE-ÉDITEUR

17, PALAIS-ROYAL, ET GALERIE D'ORLÉANS, 19

—

1872

# DU
# DROIT DE VOTER
ET DE LA
# VALEUR DU VOTE

PARIS. — IMP. SIMON RAÇON ET COMP., RUE D'ERFURTH, 1.

# DU
# DROIT DE VOTER

## ET DE LA

## VALEUR DU VOTE

PAR

LE M<sup>is</sup> DE BIENCOURT

## PARIS

### E. DENTU, LIBRAIRE-ÉDITEUR

17, PALAIS-ROYAL, ET GALERIE D'ORLÉANS, 19

1872

# DROIT DE VOTER



## VALEUR DU VOTE

***

Le 24 février 1848, messieurs Dupont de l'Eure, Lamartine, Crémieux, Arago, Ledru-Rollin, Garnier-Pagès, Marie, Marrast, Louis Blanc, Flocon et Albert, au nom du peuple français, qui ne les avait pas chargés de le représenter, arrêtaient :

La Chambre des députés est dissoute. Une Assemblée nationale sera convoquée aussitôt que le gouvernement provisoire aura réglé les mesures d'ordre et de police nécessaires pour le *vote de tous les citoyens.*

Le 6 mars 1848, les mêmes citoyens, mem-

bres du gouvernement provisoire, décrétaient
toujours, au nom du peuple français :

Article 1er. Les assemblées électorales de
canton sont convoquées au 9 avril prochain,
pour élire les représentants du peuple à l'Assemblée nationale qui doit décréter la Constitution.

Art. 2. L'élection aura pour base la population.

Art. 3. Le nombre total des représentants
du peuple sera de neuf cents [1].

Art. 4. Ils seront répartis entre les départements dans la proportion indiquée au tableau ci-joint.

Art. 5. Le suffrage sera *universel et direct*.

Art. 6. Sont électeurs tous les Français *âgés
de vingt et un an*, résidant dans la commune
depuis *six mois*, et non judiciairement privés
ou suspendus de l'exercice des droits civiques.

[1] Pourquoi pas mille?

Art. 7. Sont éligibles tous les Français âgés, de vingt-cinq ans et non privés ou suspendus de l'exercice des droits civiques.

Art. 8. Le scrutin sera secret.

Art. 9. Tous les électeurs voteront au *chef-lieu de canton*, par *scrutin de liste*. Chaque bulletin contiendra autant de noms qu'il y aura de représentants à élire dans le département.

Le dépouillement du suffrage se fera au chef-lieu de canton, et le recensement au département.

Nul ne pourra être nommé représentant du peuple s'il ne réunit pas *deux mille suffrages*.

Art. 10. Chaque représentant du peuple recevra *une indemnité de vingt-cinq francs* par jour pendant la durée de la session.

Art. 11. Une instruction du gouvernement provisoire réglera les détails d'exécution du présent décret [2].

---

[1] Voy. *appendice* A.

Art. 12. L'Assemblée nationale constituante s'ouvrira le 20 avril.

Fait au conseil du gouvernement,

*Les membres du gouvernement provisoire :*

Ainsi, voilà le suffrage universel décrété d'un trait de plume, sans étude, sans enquête sans discussion préalable, par quelques hommes qui, un beau jour, s'étaient nommés réciproquement membres du gouvernement provisoire. La France était lancée dans l'inconnu ; ce sont toujours les mêmes surprises. Depuis le 24 février, les soi-disant républicains, qui ne sont au fond que des démocrates autoritaires, n'ont rien su trouver de mieux que le décret du 6 mars 1848. Pour eux, il est l'idéal de la perfection, et lorsque, le 4 septembre 1870, après l'effondrement du despotisme impérial, la France eut à subir une nouvelle surprise, aucun progrès ne s'est accompli dans les idées de cette école. Ce sont les mêmes doctrines, on voit reparaître les mêmes acteurs, on exhume les vieilles défroques.

La liberté, au nom de laquelle on parle toujours, n'a pas fait un pas. La dictature, les mesures les plus arbitraires, semblent être le dernier mot de ces républicains. Les études, les travaux faits dans le monde entier sont lettres mortes pour ces soi-disant libéraux. Le décret de 1848 est leur *credo*. C'est pour les hommes de cette école que l'on peut justement dire : ils n'ont rien oublié et rien appris. Dans le monde entier, les hommes d'État ont publié les études les plus sérieuses sur le suffrage universel, sur les moyens de le rendre sincère et vrai. Les républicains français s'en tiennent, eux, au décret du 6 mars 1848.

Que doit être cependant, dans la vie politique d'un peuple, l'exercice du droit de suffrage ? C'est le droit le plus important et celui duquel on peut dire que dépendent les destinées de la nation. Il importe non-seulement que ce droit soit entouré de garanties, mais il faut encore qu'il soit constitué de telle sorte, qu'il soit l'expression la plus sincère, la plus juste, la plus vraie de l'opinion et des vœux du peuple tout entier. C'est pour en arriver à cette expression que de si importants travaux ont été faits en Angleterre, en Suisse, en Belgique, en Danemark, en Amérique, partout enfin, et ce n'est que depuis peu d'années seulement que la France commence à comprendre que le décret de 1848 n'est qu'une ébauche informe de ce que devrait être le suffrage universel ; mais là encore, le progrès ne vient pas de l'école républicaine, et on se heurte contre l'obstacle opposé par son inertie ; il semble que cette école craigne, par-dessus tout, la lumière et la sincérité du suffrage.

Dans les petites républiques de l'ancienne Grèce, le peuple discutait les affaires de l'État sur la place publique. Dans nos grandes sociétés modernes pareille discussion est impossible, et il faut que le peuple choisisse des mandataires pour prendre en son nom toutes les mesures nécessaires législatives et administratives. Il importe donc que les moyens d'arriver à ce que la représentation soit exacte soient les meilleurs possibles. Si le suf-

frage est trop restreint, le peuple n'est pas représenté, s'il est au contraire par trop étendu,
d'autres inconvénients apparaissent, et le plus
grave est l'écrasement brutal des minorités
importantes par des majorités de quelques
voix seulement. La représentation des minorités dans la proportion mathématique de leur
valeur a donc été le sujet de presque toutes
les études inspirées par le suffrage universel.
La représentation proportionnelle de MM. Hare,
Andreae, et Naville, le vote cumulatif de
M. Garth Marshall, le vote négatif de M. Grece,
la liste libre, la liste incomplète, etc., etc.,
accordent dans une grande mesure cette
part de représentation aux minorités. La
France malheureusement, n'est pas encore
peut-être assez initiée à la connaissance de
ces divers systèmes pour que leur application soit possible. Il faut du temps pour que
les idées les plus simples fassent leur che-
min, et l'on redoute souvent, avec raison,
ce que l'on ne connaît pas, ou ce que l'on ne
comprend pas parfaitement. Ces divers systèmes effrayent, par une sorte de complica-

tion, plutôt apparente que réelle. Est-ce à dire qu'il n'y aie rien à tenter? et devons-nous, pour cela, renoncer à faire mieux que ce qui a été bâclé avec une précipitation si coupable et une légèreté si aveugle le 6 mars 1848 ?

D'ici à quelques mois, l'Assemblée nationale, va discuter la loi électorale. Que sera cette loi? l'Assemblée, nous en sommes certains, la discutera avec la conscience et l'indépendance dont elle a déjà donné tant de preuves. En attendant cette discussion, le devoir de chacun, dans la limite de ses forces, est de travailler à débarrasser et à éclairer la route.

Augmenter les conditions d'âge et de domicile, n'est pas suffisant pour résoudre le problème de la sincérité de la représentation nationale : ce ne seraient là que des modifications peu importantes, quant au fond, apportées au décret de 1848, notre tort est de tomber presque toujours d'un excès dans un autre. C'est cette éternelle réaction de la licence au despotisme, et réciproquement, qui est la cause de tous nos maux. Chaque parti ne cherche, dans un système de loi électorale, que la façon la plus probable, pour lui, d'arriver au pouvoir. La République espère le triomphe par le vote des villes, l'empire a cherché sa force dans le vote des campagnes, les conservateurs, à quelque parti qu'ils appartiennent, tenteront, dans le légitime effroi que leur causent les doctrines socialistes, de restreindre par trop l'exercice du droit de suffrage. Tous ces courants sont également à craindre. Il faut savoir se mettre au-dessus des considérations personnelles et de l'esprit de parti, et ne chercher dans la réforme du suffrage universel que la logique, la justice et la vérité.

Les étranges législateurs de février 1848 et leurs, encore, plus étranges successeurs de septembre 1870, proclament *l'égalité de tous les citoyens devant le vote*. Voilà la première erreur qu'il importe de combattre et de détruire.

*Liberté* semblable pour tous, *Fraternité* comme l'Église catholique nous l'enseigne bien avant la République et la déclaration des droits de l'homme, *Égalité* devant la loi, oui ; mais l'égalité devant le suffrage est une erreur aussi monstrueuse, que si l'on proclamait l'égalité de tous les fonctionnaires devant le traitement et de tous les ouvriers devant le salaire. Cette égalité devant le suffrage est aussi immorale, aussi destructive de toute société, que le partage égal des biens enseigné par une certaine école. On l'a dit fort justement, le soldat, que la loi soit la conscription ou le service obligatoire, a dans sa giberne son bâton du maréchal de France ; mais c'est à lui à l'en faire sortir, et l'égalité ne va pas jusqu'à décréter que tous sont de prime abord maréchaux de France ; voilà, cependant, ce que l'on a voulu établir pour l'égalité devant le suffrage universel. Oui. Tout citoyen français remplissant certaines conditions d'âge et de domicile a un droit au vote ; mais, dans le suffrage comme dans l'armée, comme dans toutes les carrières, les règles de l'avancement doivent exister, et le vote doit acquérir une *plus-value*, suivant la position sociale et les mérites de celui qui en possède le droit[1]. Voilà le vrai principe de l'égalité pour tous. C'est cette plus-value, c'est cette valeur ascendante du vote, que nous allons essayer de chiffrer mathématiquement, de même que les Compagnies d'assurances sur la vie dressent des tableaux, suivant lesquels l'intérêt du capital subit de nombreuses variations.

La liberté peut être aussi peu limitée que possible, la fraternité doit être absolue; mais l'égalité absolue n'est pas de ce monde, elle n'existe ni dans le bonheur, ni dans le malheur, ni dans la joie, ni dans la douleur, elle

---

[1] M. Stuart Mill avec ses vastes connaissances et en même temps son esprit pratique pose une question qu'il laisse a l'avenir à résoudre. *But ought every one to have an equal voice? le vote de chaque électeur doit-il avoir la même valeur?* Il répond franchement non, tout en convenant que sur cette question il se sépare complétement des réformateurs démocrates  Toute cette brochure est à lire (*Thougths on parliamentary reform*, by J. Stuart Mill, London 1859).— Une pétition couverte de nombreuses signatures, fut remise à lord Palmerston, demandant pour certaines professions libérales une représentation à part. M. Stuart Mill combat cette pétiion et insiste sur la nécessité de la valeur différente du vote.

n'existe que devant la mort et devant Dieu! Le but de l'homme est d'arriver par le travail à une position supérieure à celle qu'il occupait; or qu'est cette ascension perpétuelle, si ce n'est au nom de la liberté humaine elle-même l'inégalité des conditions et des situations? Le vote doit suivre toutes les mêmes phases et tous les mêmes degrés. L'égalité dans nos sociétés modernes ne peut et ne doit exister pour tous que devant la loi. De plus, l'intérêt de tous n'est pas égal dans la bonne gestion des affaires et des deniers publics, il est donc de toute justice, que la part d'influence de chacun ne soit pas égale, mais qu'elle soit en rapport avec son intérêt à la prospérité et à la conservation de la société. L'erreur a été de croire et de proclamer que tout Français, quel que soit son âge, sa position, ses mérites avait le même intérêt et devait peser du même poids dans les destinées du pays. C'est cette erreur, volontaire peut-être chez les républicains de 1848 et de 1870, qu'il faut que nous sachions reconnaître et dont il faut à tout prix revenir.

Le père de famille, l'homme *arrivé* par son travail et son intelligence doivent exercer une influence plus considérable que celui qui entre dans la vie. Il est peut-être impossible de fixer d'une façon parfaitement exacte cette part d'influence ascendante. La perfection n'est pas de ce monde; mais est-ce à dire pour cela que l'on doive la nier? Nous ne le pensons pas et nous devons toujours tenter un effort pour soustraire les sociétés modernes à ces entraînements irréfléchis, à ces courants dévastateurs, qui périodiquement, pour ainsi dire, les conduisent à l'abîme.

Nous ne voulons pas entreprendre aujourd'hui de faire connaître et d'expliquer tous les systèmes proposés. On peut étudier ces systèmes dans les écrits qui les exposent[1]. Plusieurs essais ont d'ailleurs été faits déjà : en Angleterre, particulièrement, dans les élections pour les *school boards*. En Danemark, la représentation proportionnelle par le système du quotient électoral fonctionne pour l'élec-

[1] Voy. *appendice* B.

tion des membres du *Landsthing*[1]. Les résultats sont satisfaisants et la voie est ouverte. Certes, il eût été désirable que la France, elle aussi, tentât l'expérience, et que nous puissions voir chez nous l'application du principe nouveau, par exemple, pour les élections de quelques-unes de nos municipalités. Aujourd'hui nous n'en demandons pas tant. Nous conservons le suffrage universel direct, le scrutin de liste qui plaît tellement à l'école républicaine, tout enfin ; nous demandons seulement au nom de la justice, de la vérité, de la sincérité du suffrage que le principe de la valeur plus ou moins grande du vote, soit discuté par l'Assemblée nationale.

Supposons la valeur du vote chiffrée de 1 à 100. Chaque citoyen à sa majorité politique possède l'unité, et suivant qu'il arrive, suivant qu'il monte les degrés de l'échelle sociale, son unité s'accroît en même temps. Marié, père de famille, occupant, par

---

[1] Loi électorale refaite et promulguée, le 12 juillet 1867.

conséquent, une place plus importante dans la vie, il pourrait représenter comme suffrage 5, par exemple, et ce chiffre devrait même s'augmenter proportionnellement à la place que la famille occupe dans la société. L'apprenti, l'ouvrier qui, par son travail, arrive à s'établir, à avoir une maison, comme on dit, doit également voir le chiffre de son vote augmenter en même temps que sa situation. Ouvrier, employé chez un patron, il possédait l'unité, devenu patron, faisant travailler à son tour, son suffrage doit augmenter en raison de sa position. Nous n'entendons pas qu'il soit donné au patron, à l'entrepreneur, au commerçant, à l'industriel, au manufacturier autant de voix qu'il emploie d'ouvriers pour son état, son commerce et son industrie : non, cela serait une absurde inégalité. Nous demandons seulement qu'il y ait une différence entre la valeur du vote de celui qui est arrivé, et de celui qui ne l'est pas encore. Comme tous peuvent arriver, le principe de l'égalité reste entier.

Les fonctions qui ont pour origine et pour

consécration l'élection , doivent également donner une plus-value au vote de celui qui en est investi ou même qui les a exercées pendant un certain temps. Conseiller municipal, maire, conseiller général, député, doivent en toute justice avoir un vote représentant plus que l'unité. Nous ne demandons pas que le chiffre du vote soit en rapport du nombre des électeurs ou du nombre des administrés, nous demandons seulement qu'il soit en rapport avec l'importance de la fonction exercée. Si un conseiller municipal représentait 5 par exemple; le maire représenterait 10, le conseiller général 40, le député 100.

Tout en accordant toujours plus d'importance aux fonctions qui ont pour origine l'élection, il serait juste cependant d'accorder également une plus-value au vote de certaines fonctions, de certaines carrières, de certains services rendus au pays, soit dans l'administration, la magistrature, le clergé, etc., [1]. La pro-

---

[1] Quant à l'armée, si, sous n'importe quel régime ou n'importe quelle loi, on lui rend le droit de suffrage, c'est là surtout que le vote doit avoir des degrés selon l'importance du

priété doit également, dans une certaine mesure, de même que le commerce et l'industrie, donner une plus-value au vote. Ce n'est pas là le rétablissement du cens électoral, puisque la propriété ou le chiffre des impositions payées à l'État n'est plus l'unique base du droit électoral. Les grades universitaires doivent également faire monter un ou plusieurs degrés de l'échelle de la valeur du vote à ceux qui les ont obtenus; il doit en être de même pour les grades dans la Légion-d'Honneur.

Enfin, notre prétention est de chercher, aussi consciencieusement que possible, les parts d'influence et de prépondérance qui peuvent et doivent appartenir légalement, dans notre société moderne, aux enfants d'une commune patrie. Par ce mode, de la valeur ascendante du vote, nous avons l'espoir, à certains moments, d'opposer une di-

grade, il est souverainement absurde que le vote du général en chef et celui du conscrit soient égaux, pèsent le même poids et aient la même influence sur les destinées de la patrie.

gue aux débordements et d'imposer forcément une maturité nécessaire aux décisions d'où dépendent les destinées du pays. Ce n'est pas là restreindre le droit au suffrage, c'est, il nous semble, au contraire, lui donner une grande extension ; tel est du moins notre but. La jeunesse et l'inexpérience se lancent volontiers dans l'inconnu ; nous sommes loin de lui faire un crime de son ardeur, mais il ne faut cependant pas sacrifier à ces entraînements et à ces passions de la jeunesse la fortune publique, trésor lentement et péniblement amassé par le travail des générations antérieures. Forcément l'homme qui n'est pas encore arrivé par son travail à se créer la position qu'il doit avoir un jour, est enclin à tenter les aventures ; il est de toute justice de ne pas livrer, par l'égalité du vote, les destinées d'une nation comme la France à ces ardeurs irréfléchies, et c'est avec confiance que nous soumettons aux discussions de l'Assemblée nationale ce principe de la valeur ascendante du vote.

•Rien ne serait simple comme sa pratique.

Chaque année, d'après des tableaux dressés d'avance [1] et pendant la période de la révision des listes électorales, tout citoyen serait admis à faire valoir ses droits à son chiffre de vote, il lui serait délivré un bulletin timbré, indiquant pour toute la durée de l'année cette valeur numérique. Si le scrutin de liste est maintenudans la future loi, et nous sommes de ceux qui désirent qu'il le soit, l'électeur pourrait, à son choix, accumuler sur un seul candidat, ou répartir, dans la proportion qu'il le voudrait, son chiffre de vote sur plusieurs candidats. Le scrutin pourrait également être secret. L'opération du dépouillement des votes ne serait nullement plus compliquée ; l'addition ne serait qu'un peu plus longue. De plus, comme le vote n'est pas seulement un droit, mais est aussi un devoir, nous proposons que la pénalité encourue par ceux qui négligeraient de remplir ce devoir soit en rapport avec la valeur numérique du droit de l'électeur. Rien ne nous paraît donc plus

[1] Voy. *appendice* C.

simple et plus juste en même temps. Puissions-nous être assez heureux pour faire partager cette conviction à nos concitoyens.

Il est un autre point qu'il importe de considérer dans le suffrage universel, c'est la grande différence qui doit exister entre le droit au vote pour la représentation nationale et pour la représentation municipale. Tout citoyen, à sa majorité politique, doit être en possession de son unité pour la représentation nationale ; il ne saurait en être de même pour la représentation communale.

Ce fut une des grandes erreurs du gouvernement provisoire de 1848, que d'assimiler ces deux représentations et de se contenter pour la seconde de vingt et un ans comme limite d'âge et de six mois de résidence. Partout où l'on se trouve, même sans résidence fixe, on appartient à la mère patrie, on ne fait partie de la commune que lorsque l'on peut prouver qu'on y réside. On peut y passer, y séjourner même sans avoir aucun intérêt à l'administration locale, laquelle doit être davantage encore, pour ainsi dire, indépendante

de l'administration de l'État. La commune est
une fraction de l'État, elle doit se rattacher
par bien des points à la grande unité; mais
elle a sa vie propre et ses intérêts particu-
liers, elle a ses finances, son budget, son conseil et son administration. Pour prendre part
à sa vie, à la gestion de ses finances, il faut
donc pouvoir prouver que l'on fait partie de
son existence par de bien autres liens que
les six mois ou même l'année de résidence.
Le vote qui concerne exclusivement l'administration municipale ne saurait être entouré
de trop de garanties, et sa valeur doit s'ac-
croître en proportion du nombre d'années de
résidence, et des situations locales acquises,
lesquelles ont plus d'importance peut-être
dans cette fraction de l'État que dans l'État
lui-même. Le droit au vote pour le conseil
municipal et pour le conseil général, doit
donc être plus restreint. Et ç'a été une erreur capitale des hommes du gouvernement
provisoire de 1848, que de vouloir assimiler
complétement ces deux votes. Leurs décrets
n'ont été que l'ébauche informe du suffrage

universel. Il est grand temps pour le salut de la commune et de l'État de revenir sur ces grossières et fatales erreurs.

Si les conditions exigées pour le droit au vote dans les municipalités sont plus rigoureuses, le devoir d'exercer ce droit doit être aussi plus grand, et la pénalité doit être en proportion de l'importance et de la valeur du vote.

Pour terminer cette rapide esquisse du droit au vote et de la valeur du vote, nous allons essayer de dire quelques mots d'une seconde assemblée et du genre de suffrage, tout différent du suffrage universel direct pour lequel elle pourrait être nommée. L'é- cole républicaine de 1848 et de 1870, re- pousse de toutes ses forces la formation de cette seconde Assemblée. L'idéal de cette école est la Convention de 1793 avec sa dic- tature plus ou moins sanglante. Presque tous les hommes d'État du monde entier, dans les vieilles monarchies de l'Europe, aussi bien que dans la jeune République du nouveau monde, sont d'accord sur ce point, que le fonctionnement régulier du gouvernement

est impossible avec une assemblée unique [1].
Le despotisme d'une assemblée unique est
souvent presque aussi fatal que le despotisme
d'un seul homme; il mène forcément à la dictature d'un ou de plusieurs proconsuls, qui
ne peuvent maintenir leur pouvoir exercé que
par la terreur. Une seconde assemblée est
donc nécessaire; mais comment la composer?
Depuis l'abolition des priviléges et le grand
principe de l'égalité devant la loi, tout le
monde est d'accord pour reconnaître qu'une
pairie héréditaire et privilégiée est impossible.
Il reste donc ce que l'on a essayé jusqu'à présent une assemblée composée uniquement de
membres, tous au choix du chef de l'État.
Quatre épreuves de ce système ont montré
qu'il était devenu aussi impossible qu'une
pairie héréditaire. Le pays ne voit plus dans

---

[1] Blakstone fait observer (*Commentaries*, book I, chap. ii)
que dans tous les gouvernements tyranniques, la suprême
magistrature ou le droit de faire les lois et de les faire exé-
cuter, est dévolu à un seul et même homme ou à une seule
et même assemblée; et chaque fois que ces deux pouvoirs
sont unis il ne peut y avoir de liberté publique. (Voy. *appendice* C, Stuart Mill, etc.)

la faveur que la récompense de services personnels et non plus de services rendus à la
patrie. Il est dans l'intérêt du gouvernement
lui-même, qu'il soit monarchique ou républicain, que la seconde assemblée soit *indépendante et conservatrice*, que le pays ne puisse
jamais incriminer et critiquer sa composition,
qu'il soit forcé au contraire de rendre hom-
mage à la haute position méritée des membres qui la composent.

L'élection; mais une élection par catégories[1] fonctionnant d'une manière toute différente que pour le choix des députés nous
semble donc une des seules solutions possibles. Plusieurs écrivains, Prévost-Paradol entre autres[2], ont attribué aux conseils géné-

---

[1] *Gazette de France* du 9 octobre 1869. *De la formation
du Sénat*, publié en brochure (Dentu 1870).

[2] *La France nouvelle*, par Prévost-Paradol, chap. iv. —
*Essai sur l'organisation du suffrage universel en France*,
par le marquis de Castellane, — seconde partie, rôle du suffrage universel dans la formation d'une seconde chambre, —
l'auteur compose la seconde chambre qu'il appelle *chambre
des départements*, par opposition à l'autre assemblée qu'il
appelle chambre des communes, en grande partie par les
élections des conseils généraux ; il forme de plus, dans cha-

raux, presque exclusivement, la nomination des membres de cette seconde assemblée. Cela nous semble trop peu ; nous voudrions certainement que les conseils généraux aient une large part dans son élection, mais nous voudrions aussi que le clergé, que la magistrature, la cour de cassation, la cour des comptes, l'ordre des avocats représenté, par exemple, par ses bâtonniers en exercice, et ses anciens bâtonniers, les chambres de commerce, l'armée et la marine représentée par ses officiers généraux, les cinq académies, etc., etc., participassent dans une certaine mesure à la formation de cette haute assemblée en nommant, parmi eux, à un nombre fixé de siéges[1]. Ce serait là, véritablement, la *haute*

que département, d'après un système fort ingénieux, une liste spéciale d'éligibles, dans laquelle il fait une large part à la propriété et aux services rendus au pays, et forme enfin quatre importants colléges électoraux, composés des dignitaires du clergé, de la magistrature, des présidents et vice-présidents des chambres de commerce et des membres de l'Institut.

*De la grandeur possible de la France*, par M. Raudot, ch. x.

[1] On pourrait également laisser un certain nombre de nomination par exemple, aux électeurs qui auraient obtenu le

*assemblée des notables*, et une pareille assemblée nommée à vie, se recrutant toujours dans
les catégories que nous n'avons fait qu'indiquer, exercerait une grande et légitime influence sur les destinées de notre patrie[1].

La France vient de traverser et traverse encore la phase la plus douloureuse de son histoire nationale. Invasion, désastres inconnus
jusqu'à ce jour, démembrement, guerre civile, tous les maux ont fondu sur elle à la
fois. Notre malheureuse patrie a failli être
précipitée dans l'abîme, au fond duquel l'en-
traînaient nos révolutions, l'empire et les républicains du 4 Septembre ; le danger n'est
pas conjuré, notre sol est occupé, les milliards
de la rançon ne sont pas encore payés, et la

chiffre le plus élevé de la valeur du vote. On peut augmenter
ou restreindre le nombre des catégories que nous n'avons fait
qu'indiquer ; on peut donner plus ou moins d'extension au
suffrage, le point essentiel est d'arriver à remplacer l'ancienne pairie héréditaire et le choix du chef de l'État par
l'aristocratie de l'intelligence, des services rendus au pays et
par l'élection. Voilà la seule aristocratie possible aujour-
d'hui et la seule faveur que l'on doive ambitionner.

[1] Voy. *appendice* E.

révolution est, hélas! plus menaçante que jamais. Quels sombres horizons! mais la France ne veut pas périr, elle fait un suprême effort pour se relever. Puisse la majorité de l'Assemblée nationale, secondée par toutes les bonnes volontés et tous les patriotismes, réorganiser et régénérer la patrie agonisante qui lui a confiée ses destinées. Puisse-t-elle avoir l'insigne honneur de nous doter d'institutions assez fortes pour résister à l'avenir aux coups d'État de n'importe quel despote, et aux surprises que nous ménage la démagogie.

Alors l'histoire impartiale écrira d'elle un jour : « L'Assemblée nationale a été à la hauteur de sa mission; elle a bien mérité de la patrie. »

# APPENDICE

---

APPENDICE A

INSTRUCTION du Gouvernement provisoire pour l'exécution du décret du 5 mars 1848, relatif aux élections générales.


## AU NOM DU PEUPLE FRANÇAIS.

### 1. CONFECTION DES LISTES ÉLECTORALES.

Paris, 8 mars 1848.

ART. 1ᵉʳ. Les maires réuniront immédiatement les conseillers municipaux pour s'occuper sans aucun retard de la confection de la liste des électeurs appartenant à leurs communes respectives. Ils consulteront, pour la dresser, les précédentes listes électorales ayant servi aux élections de tous les degrés, les tableaux du dénombrement de la population, ceux du recrutement et les contrôles de la garde nationale, ainsi que les registres de l'état civil.

### CONDITION D'INSCRIPTION DES ÉLECTEURS.

#### *Age.*

2. Il ne sera besoin de faire de vérifications, quant à l'âge de vingt et un ans, que lorsqu'il pourra s'élever quelque doute à cet égard. Les jeunes citoyens qui ne seraient pas nés dans la commune produiront les papiers indiquant l'époque de leur naissance.

#### *Nationalités.*

3. La condition d'être *né* ou *naturalisé Français* peut se justifier, soit par la possession résultant de votes antérieurs, soit par la représentation des actes de naturalisation délivrés par les gouvernements précédents, lettres d'avis ou autres actes officiels.

#### *Incapacités.*

4. Le droit d'élire les représentants du peuple est le premier des *droits civiques*. Ces droits n'appartiennent plus à celui qui a perdu la qualité de Français par la naturalisation en pays étranger.

Les droits de citoyen peuvent se perdre ou être suspendus par des décisions judiciaires, savoir :

Les condamnations à des peines afflictives ou infamantes. Cet état d'incapacité cesse quand il y a eu réhabilitation.

Les arrêts portant renvoi devant les cours d'assises.

Les condamnations à des peines correctionnelles, lorsque le tribunal a ajouté à ces peines l'interdiction des droits de vote et d'être juré, témoin, etc.

Les jugements qui ont prononcé, à titre de peine, la surveillance de la haute police ; les jugements portant déclaration de faillite non suivis de concordat.

Ne pourront non plus exercer le droit de vote les interdits, ni ceux qui sont retenus pour cause de démence dans une maison d'aliénés.

Les autres incapacités établies par les lois antérieures sont abrogées.

### RÉSIDENCE.

5. Pour être inscrit comme électeur dans une commune, il faut y avoir une résidence de six mois. Toutes dispositions antérieures relatives au domicile politique séparé du domicile réel sont abrogées. Les citoyens qui, depuis moins de six mois, ont changé de résidence, seront admis à se faire inscrire dans la commune où ils résidaient précédemment.

Néanmoins si, à raison de l'éloignement, un citoyen ne pouvait, sans dommage ou sans inconvénient pour sa santé, ses affaires, ses moyens d'existence, se rendre dans un autre département qu'il a quitté depuis peu de temps, il pourra, d'après sa demande, être inscrit sur la liste des électeurs de la commune où il vient de s'établir.

A l'égard des citoyens qui, à raison de leurs affaires, commerce, industrie ou travail, habiteraient, pendant le cours de l'année, dans plusieurs communes, ils pourront être admis, sur leur demande, à se faire inscrire comme électeurs dans la commune qu'ils auront choisie, pourvu qu'ils en aient fait la déclaration tant à la mairie de la commune où ils habitent actuellement que dans celle où ils demandent à voter.

6. Nul ne pourra voter en deux assemblées électorales différentes.

7. Tout citoyen appartenant aux armées de terre ou de mer qui sera en congé, devra être inscrit au lieu de son domicile.

Les citoyens en activité de service sont admis, dans leurs garnisons respectives ou dans les ports et arsenaux, à participer à l'élection selon les dispositions de l'article 37 ci-après.

### FORME DES LISTES.

8. La liste des électeurs sera dressé par ordre alphabétique.

Dans les villes qui comprennent plusieurs cantons, il sera dressé autant de listes qu'il y a de cantons.

Dans les communes urbaines, la liste indiquera les noms, âge, profession et demeure des électeurs.

Dans les communes rurales, cette forme et ces détails pourront être simplifiés, de manière toutefois à éviter la confusion à l'égard des citoyens qui porteraient les mêmes noms et prénoms.

### PUBLICATIONS ET RÉCLAMATIONS.

9. La liste sera close le 26 mars au plus tard, et déposée pendant cinq jours à la mairie. Le maire fera connaître, par voie d'affiche, que, pendant cet espace de temps, chaque citoyen pourra en prendre communication sans déplacement. Les réclamations qui se-

raient formées par des citoyens contre l'omission de
leur nom, ou pour cause d'erreur, seront jugées sommairement, en conseil municipal, par le maire, qui
fera, s'il y a lieu, les rectifications nécessaires. Les
réclamations ultérieures seront adressées au conseil
municipal du chef-lieu du canton.

ENVOI DES LISTES AU MAIRE DU CHEF-LIEU DE CANTON.

10. Le sixième jour, la liste, définitivement close,
sera envoyée au maire du chef-lieu de canton pour
servir à l'appel des électeurs.

Le conseil municipal du chef-lieu de canton statuera, jusques et y compris le 8 avril, sur les réclamations qui lui seraient adressées sur la teneur des
listes.

II. OPÉRATIONS DES ASSEMBLÉES ÉLECTORALES.

11. Le maire du chef-lieu de canton, à mesure qu'il
recevra les listes des communes, les fera transcrire
dans la forme des listes d'inscription de votants qui
étaient dressées précédemment pour les élections au
conseil général.

Ces listes, en nombre égal à celui des communes
du canton, serviront à l'appel et à l'inscription des
votants.

12. Le maire fera disposer la salle d'élection suivant qu'il sera expliqué ci-dessous.

13. Lors de la clôture des listes, et trois jours
avant la réunion, les électeurs de chaque commune
seront avertis, par tous les moyens de publicité qui

sont au pouvoir des maires, de se rendre, ainsi que c'est leur droit et leur devoir, à l'assemblée électorale du canton, pour prendre part à l'élection des représentants du peuple.

14. Il sera délivré à chaque électeur une carte ou un billet portant :

N....., électeur à N..... (nom de la commune), avec la signature du maire.

AVIS A DONNER AUX ÉLECTEURS, ET DISPOSITION DES LOCAUX.

15. Un arrêté du commissaire du département, affiché dans toutes les communes, fera connaître que les électeurs sont convoqués pour le 9 avril dans les chefs-lieux de canton, à l'effet d'élire le *nombre des représentants* indiqué par le décret du 5 mars, et que ces représentants pourront être choisis. parmi les électeurs âgés de vingt-cinq ans, sans aucune condition de cens ni de domicile.

16. Un avis publié par le maire du chef-lieu de canton informera les électeurs que le scrutin s'ouvrira le 9 avril, à sept heures du matin; qu'on appellera d'abord les électeurs de la commune chef-lieu, et successivement ceux des autres communes selon tel ordre déterminé, *en commençant par les communes les plus éloignées.*

17. Des dispositions seront prises pour que les électeurs des diverses communes puissent entrer et sortir avec ordre, et pour qu'ils puissent émettre leur vote avec la plus entière liberté.

## COMPOSITION DU BUREAU.

18. Le bureau sera présidé par le juge de paix du canton ; à son défaut, par l'un de ses suppléants. Les scrutateurs, au nombre de six, seront pris parmi les premiers conseillers municipaux, selon l'ordre du tableau. Les président et scrutateurs choisiront le secrétaire.

Dans les villes qui renferment cinq ou six cantons, le nombre des scrutateurs sera complété, s'il y a lieu, par des citoyens que le conseil municipal désignera.

19. La police de chaque assemblée électorale appartient au président. Nulle force armée ne peut, sans sa demande, être placée dans le lieu ou aux abords de la salle.

## INSCRIPTION ET DÉPÔT DES BULLETINS.

20. Le vote sera secret ; mais, à raison du nombre considérable d'électeurs, les bulletins pourront n'être pas écrits dans la salle et en présence du bureau. Chaque électeur pourra apporter le sien après l'avoir écrit ou fait écrire en dehors de l'assemblée et après avoir pris soin de le fermer.

21. Le président, en le recevant, et avant de le déposer dans la boîte du scrutin, s'assurera que ce bulletin n'en renferme pas d'autre.

22. Chaque bulletin doit contenir autant de noms qu'il y a de représentants à élire dans le département.

Des affiches placées dans la salle et au dehors rappelleront ce devoir aux électeurs, ainsi que les conditions d'éligibilité.

23. Les électeurs, accompagnés du maire, entreront successivement dans la salle par ordre de communes. Ils déposeront leurs bulletins dès que leurs noms seront appelés.

24. A mesure que chaque électeur déposera son vote, un des scrutateurs le constatera en inscrivant son propre nom (ou son paraphe) en regard du nom du votant.

25. Les maires des différentes communes prendront tour à tour place au bureau ; ils auront voix consultative en cas de réclamations.

### DURÉE ET CLÔTURE DU SCRUTIN.

26. Le scrutin ne pourra être prolongé au delà de six heures du soir. Si l'appel et le réappel ne sont pas terminés le 9 avril à ladite heure, la boîte du scrutin sera fermée et scellée, puis déposée sous clef à la mairie. Le scrutin sera continué le lendemain.

27. Quand l'appel de tous les électeurs par commune sera terminé, il sera procédé à un réappel de tous les électeurs qui n'auront pas voté.

### DÉPOUILLEMENT DES BULLETINS.

28. Une heure après le réappel, le scrutin sera clos et le bureau procédera au dépouillement de la manière suivante.

29. Il comptera les bulletins trouvés dans la boîte et en comparera le nombre avec celui des votants,

constaté par les feuilles d'inscription, sans qu'il soit besoin de recommencer l'opération, pour quelques légères différences qui proviennent le plus souvent d'omissions faites par les scrutateurs sur la feuille d'inscription des votants.

30. Après la constatation du nombre des bulletins déposés, le président fera procéder au dépouillement.

A cet effet, et pour accélérer l'opération, la masse des bulletins sera distribuée en groupes qui seront dépouillés sur des tables séparées. Il sera bon d'en préparer un grand nombre. Le bureau désignera, parmi les électeurs présents et qui accepteront cette mission, des *scrutateurs supplémentaires* en nombre suffisant pour qu'il y en ait quatre à chaque table de dépouillement.

31. Si un bulletin contenait plus de noms qu'il n'y a de représentants à élire, les scrutateurs ne tiendraient pas compte des derniers noms inscrits qui excéderaient ce nombre.

32. Le bureau décidera provisoirement toutes les difficultés qui s'élèveraient concernant les opérations de l'assemblée électorale.

33. Après la proclamation du résultat du scrutin, les bulletins non contestés seront brûlés.

### RECENSEMENT GÉNÉRAL DES VOTES.

34. Le procès-verbal de chaque assemblée de canton sera porté au chef-lieu du département par le président et le secrétaire, ou par deux membres choisis par le bureau.

35. Le recensement général des votes de tous les cantons se fera à l'hôtel de ville du chef-lieu du département en séance publique, et en présence de délégués du bureau de chaque assemblée cantonale.

36. Le bureau central chargé du recensement général des votes sera présidé par le président de l'assemblée électorale du chef-lieu, ou par le doyen d'âge des présidents, s'il y a eu plusieurs assemblées cantonales dans cette ville. Il sera assisté par les délégués des assemblées cantonales du département.

### VOTE DES MILITAIRES EN ACTIVITÉ DE SERVICE.

37. Les électeurs militaires en activité de service seront avertis, par leur chef immédiat, aussitôt après la publication du décret du 5 mars et de la présente instruction, du droit qu'ils ont de participer à l'élection générale comme les autres citoyens, et du nombre de représentants attribué à leurs départements respectifs.

Ces militaires se réuniront sous la présidence du chef le plus élevé en grade, en sections, dont chacune comprendra les citoyens d'un même département. Le président sera assisté de quatre scrutateurs, dont deux pris parmi les plus âgés, et deux parmi les plus jeunes sous-officiers et soldats présents sachant lire et écrire.

38. Le président avertira les électeurs militaires de réfléchir sérieusement à l'acte de citoyen qu'ils vont accomplir; il les engagera à émettre leur vote secrètement, en toute conscience et en toute liberté. Chacun

d'eux écrira ou fera écrire son bulletin par l'un de ses camarades en dehors de l'assemblée, et le remettra au président. Les bulletins seront dépouillés, séance tenante, en leur présence ; et le résultat des votes, cacheté et certifié par les intendants militaires ou par les commissaires de la marine, sera envoyé par le président du bureau, le 50 mars au plus tard, au commissaire du département auquel appartiendront les votants.

Ce résultat sera compris dans le recensement général des votes du département.

### PROCLAMATION DU RÉSULTAT DÉFINITIF DU SCRUTIN.

59. Après le recensement des votes, le président du bureau central et départemental proclamera représentants du peuple, pour le nombre fixé par le décret du 5 mars, les candidats qui auront obtenu le plus de voix selon l'ordre de la majorité relative, pourvu toutefois qu'ils aient réuni chacun deux mille voix au moins.

40. Si le nombre de représentants attribué à chaque département n'est pas atteint, il sera procédé à des élections supplémentaires huit jours après, et dans les formes indiquées ci-dessus.

### ÉLECTIONS A PARIS.

41. A Paris, les arrondissements représentant les cantons seront divisés, pour la commodité et la promptitude de l'opération, en sections proportionnelles au nombre des électeurs.

Les sections seront présidées par les maires, adjoints ou délégués de la mairie. Les six scrutateurs seront pris, dans chaque section, parmi les plus âgés et les plus jeunes des électeurs présents.

Les réclamations prévues aux articles 9 et 10, concernant les listes d'électeurs, seront décidées sommairement par le maire de chaque arrondissement, assisté de ses adjoints.

Les électeurs de Paris seront spécialement avertis, par affiches, qu'ils ont à porter sur leurs bulletins trente-quatre noms, nombre égal à celui qui est attribué, par le décret du 5 mars, au département de la Seine.

Le dépouillement des votes se fera dans chaque section, et le recensement général au bureau central de l'Hôtel de Ville.

### ÉLECTIONS DANS L'ALGÉRIE ET DANS LES COLONIES.

42. Les quatre représentants attribués à l'Algérie seront élus selon la forme qui sera établie par une instruction ultérieure.

43. L'Assemblée nationale déterminera le mode d'après lequel l'élection des représentants aura lieu dans les colonies.

### VÉRIFICATION DES POUVOIRS DES REPRÉSENTANTS PAR L'ASSEMBLÉE NATIONALE.

44. L'Assemblée nationale statuera sur la vérification des pouvoirs de ses membres ainsi que sur les options, les démissions et autres points qui touche-

raient à sa constitution complémentaire et définitive.

45. La présente instruction aura la même force que le décret du 5 mars de ce mois.

*Les membres du Gouvernement provisoire.*

---

PROCLAMATION du Gouvernement provisoire à la nation, au sujet des élections prochaines.

Paris, 16 mars 1848.

Le Gouvernement provisoire au peuple français,

Citoyens,

A tous les grands actes de la vie d'un peuple, le Gouvernement a le devoir de faire entendre sa voix à la nation.

Vous allez accomplir le plus grand acte de la vie d'un peuple : élire les représentants du pays, faire sortir de vos consciences et de vos suffrages, non plus un gouvernement seulement, mais un pouvoir social, mais une constitution tout entière ! Vous allez organiser la République.

Nous n'avons fait, nous, que la proclamer; portés d'acclamation au pouvoir pendant l'interrègne du peuple; nous n'avons voulu et nous ne voulons d'autre dictature que celle de l'absolue nécessité. Si nous avions repoussé le poste du péril, nous aurions été des lâches. Si nous y restions une heure de plus que la nécessité ne le commande, nous serions des usurpateurs.

Vous seuls êtes forts !

Nous comptons les jours. Nous avons hâte de remettre la République à la nation.

La loi électorale provisoire que nous avons faite est la plus large qui, chez aucun peuple de la terre, ait jamais convoqué le peuple à l'exercice du suprême droit de l'homme, sa propre souveraineté.

L'élection appartient à tous sans exception.

A dater de cette loi, il n'y a plus de prolétaires en France.

Tout Français en âge viril est citoyen politique. Tout citoyen est électeur. Tout électeur est souverain. Le droit est égal et absolu pour tous. Il n'y a pas un citoyen qui puisse dire à l'autre : « Tu es plus souverain que moi ! » Contemplez votre puissance, préparez-vous à l'exercer, et soyez dignes d'entrer en possession de votre règne !

Le règne du peuple s'appelle République.

Si vous nous demandez quelle République nous entendons par ce mot, et quels principes, quelle politique, quelles vertus nous souhaitons aux républicains que vous allez élire, nous vous répondrons : « Regardez le peuple de Paris et de la France depuis la proclamation de la République. »

Le peuple a combattu avec héroïsme.

Le peuple a triomphé avec humanité.

Le peuple a réprimé l'anarchie dès la première heure.

Le peuple a brisé de lui-même, aussitôt après le combat, l'arme de sa juste colère. Il a brûlé l'échafaud.

Il a proclamé l'abolition de la peine de mort contre ses ennemis.

Il a respecté la liberté individuelle en ne proscrivant personne.

Il a respecté la conscience dans la religion, qu'il veut libre, mais qu'il veut sans inégalité et sans privilége.

Il a respecté la propriété.

Il a poussé la probité jusqu'à ces désintéressements sublimes qui font l'admiration et l'attendrissement de l'histoire.

Il a choisi, pour les mettre à sa tête, partout les noms des hommes les plus honnêtes et les plus fermes qui soient tombés sous sa main. Il n'a pas poussé un cri de haine ou d'envie contre les fortunes.

Pas un cri de vengeance contre les personnes.

Il a fait, en un mot, du nom de peuple le nom du courage, de la clémence et de la vertu.

Nous n'avons qu'une seule instruction à vous donner! Inspirez-vous du peuple, imitez-le! Pensez, sentez, votez, agissez comme lui!

Le Gouvernement provisoire, lui, n'imitera pas les gouvernements usurpateurs de la souveraineté du peuple, qui corrompaient les électeurs, et qui achetaient à prix immoral la conscience du pays.

A quoi bon succéder à ces gouvernements, si c'est pour leur ressembler? A quoi bon avoir créé et adoré la République, si la République doit entrer dès le premier jour dans les ornières de la royauté abolie? Il considère comme un de ses devoirs de répandre sur les opérations électorales cette lumière qui éclaire les con sciences sans peser sur elles. Il se borne à neutraliser l'influence hostile de l'administration ancienne qui a perverti et dénaturé l'élection.

Le Gouvernement provisoire veut que la conscience publique règne ! Il ne s'inquiète pas des vieux partis ; les vieux partis ont vieilli d'un siècle en trois jours ! La République les convaincra, si elle est sûre et juste pour eux. La nécessité est un grand maître. La République, sachez-le bien, a le bonheur d'être un gouvernement de nécessité. La réflexion est pour nous. On ne peut pas remonter aux royautés impossibles. On ne veut pas descendre aux anarchies inconnues ; on sera républicain par raison. Donnez seulement sûreté, liberté, respect à tous. Assurez aux autres l'indépendance des suffrages que vous voulez pour vous. Ne regardez pas quel nom ceux que vous croyez vos ennemis écrivent sur leur bulletin, et soyez sûrs d'avance qu'ils écrivent le seul nom qui peut les sauver, c'est-à-dire celui d'un républicain capable e probe.

Sûreté, liberté, respect aux consciences de tous les citoyens électeurs ; voilà l'intention du Gouvernement républicain, voilà son devoir, voilà le vôtre ! voilà le salut du peuple ! Ayez confiance dans le bon sens du pays, il aura confiance en vous ; donnez-lui la liberté, et il vous renverra la République.

Citoyens, la France tente en ce moment, au milieu de quelques difficultés financières léguées par la royauté, mais sous des auspices providentiels, la plus grande œuvre des temps modernes : la fondation du gouvernement du peuple tout entier, l'organisation de la démocratie, la république de tous les droits, de tous les intérêts, de toutes les intelligences et de toutes les vertus !

Les circonstances sont propices. La paix est possible. L'idée nouvelle peut prendre sa place en Europe, sans autre perturbation que celle des préjugés qu'on avait contre elle. Il n'y a point de colère dans l'âme du peuple. Si la royauté fugitive n'a pas emporté avec elle tous les ennemis de la République, elle les a laissés impuissants ; et, quoiqu'ils soient investis de tous les droits que la République garantit aux minorités, leur intérêt et leur prudence nous assurent qu'ils ne voudront pas eux-mêmes troubler la fondation paisible de la constitution populaire.

En trois jours, cette œuvre, que l'on croyait reléguée dans le lointain du temps, s'est accomplie sans qu'une goutte de sang ait été versée en France, sans qu'un autre cri que celui de l'admiration ait retenti dans nos départements et sur nos frontières. Ne perdons pas cette occasion unique dans l'histoire ; n'abdiquons pas la plus grande force de l'idée nouvelle, la sécurité qu'elle inspire aux citoyens, l'étonnement qu'elle inspire au monde.

Encore quelques jours de magnanimité, de dévouement, de patience, et l'Assemblée nationale recevra de nos mains la République naissante. De ce jour-là tout sera sauvé ! Quand la nation, par les mains de ses représentants, aura saisi la République, la République sera forte et grande comme la nation, sainte comme l'idée de peuple, impérissable comme la patrie.

*Les membres du Gouvernement provisoire.*

Pauvre pays que l'on trompe toujours avec des phrases, en 1870 comme en 1848! seulement en 1848 nous lavions, comme on dit, notre linge sale en famille et ces phrases n'étaient que ridicules; en 1870, en présence de la France vaincue, envahie, elles n'étaient plus seulement ridicules elles étaient criminelles.

----

Circulaire du ministre de l'intérieur aux commissaires du Gouvernement provisoire dans les départements concernant leurs pouvoirs et leurs devoirs.

12 mars 1848.

La circulaire qui vous est parvenue et qui a été publiée traçait vos devoirs. Il importe que j'entre avec vous dans quelques détails, et que je précise plus nettement ce que j'attends de votre patriotisme, maintenant, que, par vos soins, la République est proclamée.

Dans plusieurs départements on m'a demandé quels étaient vos pouvoirs. Le citoyen ministre de la guerre s'en est inquiété en ce qui touche vos rapports avec les chefs militaires. Plusieurs d'entre vous veulent être fixés sur la ligne de conduite à suivre vis-à-vis de la magistrature ; enfin la garde nationále et les élections, les élections surtout, doivent être l'objet de votre constante préoccupation.

### § 1ᵉʳ. *Quels sont vos pouvoirs ?*

*Ils sont illimités. Agent d'une autorité révolutionnaire, vous êtes révolutionnaire aussi. La victoire du peuple vous a imposé le mandat de faire proclamer, de consolider son œuvre. Pour l'accomplissement de cette tâche, vous êtes investi de sa souveraineté, vous ne relevez que de votre conscience, vous devez faire ce que les circonstances exigent pour le salut public.*

Grâce à nos mœurs, cette mission n'a rien de terrible. Jusqu'ici vous n'avez eu à briser aucune résistance sérieuse, et vous avez pu demeurer calme dans votre force ; il ne faut cependant pas vous faire illusion sur l'état du pays. Les sentiments républicains y doivent être vivement excités, et pour cela il faut confier toutes les fonctions politiques à des hommes sûrs et sympathiques. Partout les préfets et sous-préfets doivent être changés ; dans quelques localités on réclame leur maintien ; c'est à vous de faire comprendre aux populations qu'on ne peut conserver ceux qui ont servi un pouvoir dont chaque acte était une corruption. La nomination des sous-commissaires remplaçant ces fonctionnaires vous appartient Vous m'en référerez toutes les fois que vous éprouverez quelque hésitation. Choisissez de préférence des hommes appartenant au chef-lieu ; vous ne les prendrez dans l'arrondissement même que lorsque vous les saurez dégagés d'es-

prit de coterie ; n'écartez pas les jeunes gens. L'ardeur et la générosité sont le privilége de cet âge, et la
République a besoin de ces belles qualités.

Vous pourvoirez aussi au remplacement des maires
et des adjoints. Vous les désignerez provisoirement,
en les investissant du pouvoir ordinaire. Si les conseils municipaux sont hostiles, vous les dissoudrez,
et, de concert avec les maires, vous constituerez une
municipalité provisoire ; mais vous n'aurez recours à
cette mesure que dans un cas de rigoureuse nécessité.
Je crois que la grande majorité des conseils municipaux peut être conservée, en mettant à leur tête des
chefs nouveaux.

### § 5. *Les élections.*

*Les élections sont votre grande œuvre ; elles doi-
vent être le salut du pays. C'est de la composition de
l'Assemblée que dépendent nos destinées. Il faut qu'elle
soit animée de l'esprit révolutionnaire, sinon nous marchons à la guerre civile et à l'anarchie. A ce sujet,
mettez-vous en garde contre les intrigues des hommes
à double visage qui, après avoir servi la royauté, se
disent les serviteurs du peuple. Ceux-là vous trompent,
et vous devez leur refuser votre appui. Sachez bien
que, pour briguer l'honneur de siéger à l'Assemblée
nationale, il faut être pur des traditions du passé. Que
votre mot d'ordre soi partout : des hommes nouveaux,
et autant que possible sortant du peuple.*

Les travailleurs, qui sont la force vive de la nation,
doivent choisir parmi eux ceux que recommandent leur

intelligence, leur moralité, leur dévouement : réunis à l'élite des penseurs, ils apporteront à la discussion de toutes les grandes questions qui vont s'agiter l'autorité de leur expérience pratique. Ils continueront la révolution, et la contiendront dans les limites du possible et de la raison. Sans eux, elle s'égarerait en vaines utopies, ou serait étouffée sous l'effort d'une fraction rétrograde.

Éclairez les électeurs, et répétez-leur sans cesse que le règne des hommes de la monarchie est fini.

Vous comprenez combien ici votre tâche est grande. L'éducation du pays n'est pas faite. C'est à vous de le guider. Provoquez sur tous les points de votre département la réunion de comités électoraux, examinez sévèrement les titres des candidats. Arrêtez-vous à ceux-là seulement qui paraissent présenter le plus de garanties à l'opinion républicaine, le plus de chances de succès. Pas de transactions, pas de complaisances. Que le jour de l'élection soit le triomphe de la révolution.

*Le membre du Gouvernement provisoire,*
*ministre de l'intérieur,*

LEDRU-ROLLIN.

Circulaire du ministre de l'intérieur aux commissaires généraux des départements, pour leur exposer la pensée et le devoir du Gouvernement en vue des élections générales.

7 avril 1848.

Citoyen commissaire,

Nous touchons aux élections : encore quelques

jours, et le peuple français tout entier, usant de sa souveraineté si glorieusement reconquise, proclamera les noms de ses mandataires. A la veille de ce grand acte de sa toute-puissance, il est utile que le Gouvernement né de la révolution, chargé de conserver intacte et pure la victoire populaire, expose une dernière fois sa pensée à ceux qui le représentent et le défendent sur toute la surface de la République.

Déjà je vous l'ai dit : des élections dépent l'avenir du pays. Sincèrement républicaines, elles lui ouvrent une ère brillante de progrès et de paix ; réactionnaires ou même douteuses, elles le condamnent à de terribles déchirements. Votre constant effort a donc été, doit être encore d'envoyer à l'Assemblée nationale des hommes honnêtes, courageux et dévoués jusqu'à la mort à la cause du peuple.

Mais ici se présente une question que les partis ont dénaturée, et sur laquelle il convient de s'expliquer sans faiblesse et sans réticence. Le temps des ruses et des fictions est passé : nous sommes assez forts pour être vrais.

Le Gouvernement doit-il agir sur les élections ou se borner à en surveiller la régularité ?

Je n'hésite pas à répondre que, sous peine d'abdiquer ou même de trahir, le Gouvernement ne peut se réduire à enregistrer des procès-verbaux et à compter des voix ; il doit éclairer la France et travailler ouvertement à déjouer les intrigues de la contre-révolution, si, par impossible, elle ose relever la tête.

Est-ce à dire que nous imitions les fautes de ceux

que nous avons combattus et renversés? Loin de là. Ils dominaient par la corruption et le mensonge, nous voulons faire triompher la vérité; ils caressaient l'égoïsme, nous faisons appel aux sentiments généreux; ils étouffaient l'indépendance, nous lui rendons un libre essor; ils achetaient les consciences, nous les affranchissons. Qu'y a-t-il de commun entre eux et nous?

Mais c'est précisément parce que leurs odieuses pratiques ont profondément altéré les mœurs des classes officielles, qu'il est nécessaire de parler haut et ferme, et de détruire les semences d'erreurs et de calomnie répandues par eux si longtemps.

Quoi! nous sommes libres d'hier : il y a quelques semaines encore nous subissions une loi qui nous ordonnait avec amende et prison de n'adorer, de ne servir, de ne nommer que la monarchie; la République était partout représentée comme un symbole de spoliation, de pillage, de meurtres, et nous n'aurions pas le droit d'avertir la nation qu'on l'avait égarée? nous n'aurions pas le droit de nous mettre perpétuellement en communication avec elle pour lui ouvrir les yeux? Hommes publics sans prévoyance et sans foi politique, nous laisserions insulter notre drapeau! nous nous exposerions à l'ensanglanter dans une guerre civile pour n'avoir pas osé le déployer librement!

Non, nous ne méconnaîtrons pas à ce point notre devoir. Apôtres de la révolution, nous la défendrons par nos actes, nos paroles, nos enseignements. Vigilants et résolus contre ses ennemis, nous lui conquerrons des partisans en la faisant connaître. Ceux-là seuls qui ne la comprennent pas peuvent la redouter.

Ces principes, citoyen commissaire, tracent la ligne de votre conduite. S'il vous était possible de vous multiplier, d'être partout à la fois, de mettre à chaque heure votre pensée en contact avec la pensée publique, vous ne feriez rien de trop. Digne missionnaire des idées nouvelles auxquelles le monde appartient, vous prépareriez leur pacifique avénement. Ce qu'il y a de praticable dans cette laborieuse tâche doit être accompli par vous, par vos amis, par vos écrits, par vos discours ; répandez la lumière à flots. Qu'à tous les yeux brille dans son éclat majestueux la grande et noble figure de la République régénérant l'humanité par sa puissance morale, effaçant les distinctions de classes, appelant tous les citoyens à la réalisation politique du dogme de la fraternité, dégageant le travail et l'intelligence des entraves qui l'étouffent, faisant enfin de notre admirable France la plus libre, la plus heureuse, la plus forte des nations !

Ainsi s'exercera votre influence : l'intimidation et la violence provoquent des révoltes ; la corruption dégrade et ruine le pouvoir ; l'enseignement viril est la seule arme dont puissent se servir les chefs révolutionnaires du peuple : elle leur suffit pour triompher de toutes les résistances.

Mais, afin que cet enseignement soit fécond, puisez vos inspirations aux sources vraiment populaires. Que partout des réunions soient organisées ; que chacun, même le plus humble, soit mis en demeure d'y produire sa pensée. Dieu, qui seul a connu si longtemps les misères du peuple, seul aussi connaît les trésors de bon sens et de moralité que recèlent les masses ; brisez la couche épaisse qui les enfouit encore.

Ainsi profondément et pacifiquement remué, le pays, malgré le peu de temps qui lui a été laissé pour se recueillir et se reconnaître, pourra distinguer ceux qui méritent l'insigne honneur de le représenter. Dans toutes les occasions où vous serez appelé à le guider, pénétrez-vous de cette vérité, que nous marchons vers l'anarchie si les portes de l'Assemblée sont ouvertes à des hommes d'une moralité et d'un républicanisme équivoques.

Ceux qui ont adopté l'ancienne dynastie et ses trahisons, ceux qui limitaient leurs espérances à d'insignifiantes réformes électorales, ceux qui prétendaient venger les mânes des héros de Février en courbant le front glorieux de la France sous la main d'un enfant ; ceux-là peuvent-ils être les élus du peuple victorieux et souverain, les instruments de la révolution ?

Votre conscience a répondu : Quelle confiance peuvent-ils inspirer, ceux dont le cœur ne s'est point ouvert aux souffrances du peuple, et dont l'esprit a si longtemps méconnu ses vœux et ses besoins ?

Ne regarderaient-ils pas eux-mêmes comme un défi à la révolution que des hommes qui ont attaqué, calomnié la révolution, devinssent aujourd'hui les organisateurs de la constitution républicaine ?

Eh bien, puisque le choc impétueux des événements leur a subitement dessillé les yeux, soit : qu'ils entrent dans nos rangs, mais qu'ils n'aspirent ni à nous commander ni à nous conduire. Qu'ils marchent à l'ombre du drapeau du peuple, mais qu'ils ne songent pas à le porter. A la moindre secousse, leur âme se troublerait, et, revenant malgré eux aux convictions de toute leur vie, ils affaibliraient la représentation nationale de toutes les incertitudes, de toutes les transactions familières aux opinions chancelantes et aux dévouements d'apparat.

Que le peuple s'en défie donc et les repousse. Mieux vaudrait des adversaires déclarés que ces amis douteux.

Citoyen commissaire, ce qui fait la grandeur du mandat de représentant, c'est qu'il investit celui qui en est revêtu du pouvoir souverain d'interpréter et de traduire l'intérêt et la volonté de tous.

Or celui-là seul en usera dignement, qui ne reculera devant aucune des conséquences du triple dogme de la liberté, de l'égalité, de la fraternité.

La liberté, c'est l'exercice de toutes les facultés que nous tenons de la nature, gouvernées par notre raison.

L'égalité, c'est la participation de tous les citoyens aux avantages sociaux, sans autre distinction que celle de la vertu et du talent.

La fraternité, c'est la loi de l'amour unissant les hommes, et de tous faisant les membres d'une même famille.

De là découlent : l'abolition de tout privilége, la répartition de l'impôt en raison de la fortune, un droit proportionnel et progressif sur les successions, une magistrature librement élue et le plus complet développement de l'institution du jury, le service militaire pesant également sur tous, une éducation gratuite et égale pour tous, l'instrument du travail assuré à tous, la reconstitution démocratique de l'industrie et du crédit, l'association volontaire partout substituée aux impulsions désordonnées de l'égoïsme.

Quiconque n'est pas décidé à sacrifier son repos, son avenir, sa vie au triomphe de ces idées, quiconque ne sent pas que la société ancienne a péri, et qu'il faut en édifier une nouvelle, ne serait qu'un député tiède et dangereux. Son influence compromettrait la paix de la France.

J'ose croire, citoyen commissaire, que ces pensées sont les vôtres, et qu'elles trouveront en vous une interprète sûr et dévoué. Laissez-moi vous dire que vous ajouterez à l'autorité morale des résolutions qu'elles vous inspireront en donnant l'exemple de l'abnégation personnelle et de la réserve dans la recherche des suffrages. Ce serait bien mal comprendre, ce serait abaisser votre mission que de la consacrer à faire réussir votre candidature. Votre dignité en souffrirait autant que le pouvoir de la République. Si vos concitoyens viennent à vous, acceptez leur mandat comme la plus noble récompense de vos travaux ; mais gardez-vous de solliciter ce qui cesserait d'avoir du prix le jour où on pourrait soupçonner que le commissaire a fait le député. Le Gouvernement vous tiendra compte du soin avec lequel vous vous conformerez à cette partie de ses instructions. N'oubliez pas que nous nous devons tous au pays, qui attend de nous de grandes choses, et que l'heure est venue d'élever notre

âme au-dessus de toutes les préoccupations de l'intérêt
privé.

*Le membre du Gouvernement provisoire,*
*ministre de l'intérieur,*

LEDRU-ROLLIN.

---

## BULLETIN DE LA RÉPUBLIQUE [1].

### MINISTÈRE DE L'INTÉRIEUR

Citoyens,

Nous n'avons pu passer du régime de la corruption au
régime du droit dans un jour, dans une heure. Une heure
d'inspiration et d'héroïsme a suffi au peuple pour consacrer le principe de la vérité. Mais dix-huit ans de mensonge opposent au régime de la vérité des obstacles
qu'un souffle ne renverse pas; les élections, si elles ne
font pas triompher la vérité sociale, si elles sont l'expression des intérêts d'une caste, arrachée à la con-
fiante loyauté du peuple, les élections, qui devaient
être le salut de la République, seront sa perte, il n'en
faut pas douter. *Il n'y aurait alors qu'une voie de salut*
*pour le peuple qui a fait les barricades, ce serait de*
*manifester une seconde fois sa volonté, et d'ajourner*
*les décisions d'une fausse représentation nationale.*

Ce remède extrême, déplorable, la France voudrait-
elle forcer Paris à y recourir? A Dieu ne plaise! Non;
la France a confié à Paris une grande mission, le peuple français ne voudra pas rendre cette mission incom-

---

[1] Le Bulletin de la République émanait directement du ministère de l'intérieur et était rédigé par Jules Favre.

patible avec l'ordre et le calme nécessaire aux délibé-
rations du corps constituant. Paris se regarde, avec
raison, comme le mandataire de toute la population
du territoire national ; *Paris est le poste avancé de
l'armée qui combat pour l'idée républicaine ; Paris est
le rendez-vous, à certaines heures, de toutes les volon-
tées généreuses, de toutes les forces morales de la
France ; Paris ne séparera par sa cause de la cause du
peuple qui souffre, attend, et réclame d'une extrémité
à l'autre du pays. Si l'anarchie travaille au loin, si les
influences sociales pervertissent le jugement ou tra-
hissent le vœu des masses dispersées et trompées par
l'éloignement, le peuple de Paris se croit et se déclare
solidaire des intérêts de toute la nation.*

Sur quelques points, on abuse, on égare les populations ; sur quelques points la richesse réclame ses priviléges à main armée. Ceux qui agissent ainsi commet-
tent un grand crime, et nous menacent de la douleur
de vaincre quand nous aurions voulu seulement per-
suader.

Que, de toutes parts, le peuple des campagnes se
rallie au peuple des villes, et que le peuple des villes
s'unisse à celui qui, au nom de tous et pour la commune gloire, a conquis le principe d'un heureux et
noble avenir. Partout la cause du peuple est la même ;
partout les intérêts du pauvre et de l'opprimé sont
solidaires. Si la République succombait à Paris, elle
succomberait non-seulement en France, mais dans tout
l'univers qui, les yeux fixés sur nous, s'agite héroïque-
ment pour sa délivrance.

Citoyens, il ne faut pas que vous en veniez à être
forcés de violer vous-mêmes le principe de votre propre souveraineté. Entre le danger de perdre cette con-
quête par le fait d'une assemblée incapable, ou par
celui d'un mouvement d'indignation populaire, le Gouvernement provisoire ne peut que vous avertir et vous
montrer le péril qui vous menace. Il n'a pas le droit de
violenter les esprits et de porter atteinte au principe du
droit public. Élu par vous, il ne peut ni empêcher le
mal que produirait l'exercice mal compris d'un droit
sacré, ni arrêter votre élan, le jour où, vous apercevant
vous-mêmes de vos méprises, vous voudriez changer,
dans sa forme, l'exercice de ce droit.

Mais ce qu'il peut, ce qu'il doit faire, c'est de vous
éclairer sur les conséquences de vos actes. Jadis les
représentants du peuple sauvaient la patrie en procla-
mant le danger de la patrie. Dans une nation comme
la France, l'idée du danger ne peut démoraliser que
ceux qui n'ont pas le cœur français. Le vrai Français
aime l'idée du danger, qui est pour lui l'idée même de
la victoire! Eh bien, si la patrie n'est plus en danger
comme aux jours de notre première République, si
l'ennemi n'est plus à nos portes, si la lutte matérielle
n'est plus établie dans nos propres rangs, il y a une
lutte intellectuelle qu'un danger moral et une grande
foi dans les idées peuvent seuls conjurer.

Citoyens, ayons ce courage. Détachons-nous de l'intérêt matériel mal entendu, des étroites passions de
localité. Préservons-nous des ennemis qui nous flattent
en nous caressant pour mieux étrangler la liberté qu¹

leur sert d'égide. Sauvons à tout prix la République. Il
dépend encore de nous de la sauver sans convulsions
et sans déchirements.

——

DÉCRET qui ajourne les élections municipales de Paris et du
département de la Seine, ainsi que les élections pour l'Assemblée
constituante.

Du 23 septembre 1870.

LE GOUVERNEMENT DE LA DÉFENSE NATIONALE.

Considérant les obstacles matériels que les événements militaires apportent en ce moment à l'exercice
des droits électoraux.

DÉCRÈTE :

ART. 1er. Les élections municipales de Paris, fixées
au 28 septembre, n'auront pas lieu à cette date.

Les nouvelles élections municipales des communes
du département de la Seine sont également ajournées.

2. Il en est de même des élections pour l'Assemblée
constituante, fixées au 2 octobre.

5. De nouvelles dates seront indiquées, dès que les
événements le permettront, tant pour les élections des
membres de l'Assemblée constituante que pour les
élections municipales de Paris et de la Seine, ainsi que
pour celles des communes où la guerre aurait, en fait,
empêché les électeurs de se réunir en nombre légalement suffisant.

Fait à l'Hôtel de Ville de Paris, le 25 septembre 1870.

Signé Général TROCHU, JULES FAVRE, EMMANUEL ARAGO,
JULES FERRY, GAMBETTA, GARNIER-PAGÈS, PELLETAN,
E. PICARD, ROCHEFORT, JULES SIMON.

**Décret** sur la dissolution des conseils généraux et d'arrondissement et l'institution de commissions départementales.

Du 25 décembre 1870, promulgué le 26.

Les membres du Gouvernement de la défense nationale, délégués pour représenter le Gouvernement et
en exercer les pouvoirs,

Vu les décrets des 12 et 16 septembre 1870 ;

Vu le décret du 13 septembre 1870, daté de Paris,
par lequel le Gouvernement de la défense nationale a
réglé les mesures financières nécessaires pour assurer les
services départementaux en 1871, et suppléer à l'action
des conseils généraux et des conseils d'arrondissement ;

Vu la circulaire ministérielle du 17 décembre, présent mois ;

Décrètent :

Art. 1er. Les conseils généraux et les conseils d'arrondissement sont dissous. Sont également dissoutes
les commissions départementales dans les départements où il en a été institué.

Art. 2. Les conseils généraux seront remplacés par
des commissions départementales composées d'autant
de membres qu'il y a de cantons dans le département.
Elles seront instituées par le Gouvernement sur la pro-
position d'urgence des préfets.

Art. 3. Le budget départemental sera réglé confor-
mément au décret du 13 septembre 1870 et à la circulaire du 17 décembre de la même année.

Art. 4. Le ministre de l'intérieur est chargé de l'exécution du présent décret.

Fait à Bordeaux, le 25 décembre 1870.

Signé : Ad. Crémieux, L. Gambetta, Glais-Bizoin, L. Fourichon.

---

Décret retirant le Droit à l'éligibilité à certaines classes de citoyens.

Du 31 janvier 1871, promulgué le 2 février.

Les Membres du Gouvernement de la défense nationale, délégués pour representer le Gouvernement et en exercer les pouvoirs.

Considérant qu'il est juste que tous les complices du régime qui a commencé par l'attentat du 2 décembre pour finir par la capitulation de Sedan, en léguant à la France la ruine et l'invasion, soient frappés momentanément de la même déchéance politique que la dynastie à jamais maudite dont ils ont été les coupables instruments ;

Considérant que c'est là une sanction nécessaire de la responsabilité qu'ils ont encourue en aidant et assistant avec connaissance de cause l'ex-empereur dans l'accomplissement des divers actes de son gouvernement qui ont mis la patrie en danger.

Décrètent :

Art. 1er. Ne pourront être élus représentants du peuple à l'Assemblée nationale les individus qui, depuis le 2 décembre 1851 jusqu'au 4 septembre 1870, ont accepté les fonctions de ministre, sénateur, conseiller d'État et préfet.

2. Sont également exclus de l'éligibilité à l'Assemblée nationale les individus qui, aux élections législatives qui ont eu lieu depuis le 2 décembre 1851 jusqu'au 4 septembre 1870, ont accepté la candidature officielle et dont les noms figurent dans la liste des candidatures recommandées par les préfets aux suffrages des électeurs et ont été publiés au Moniteur officiel avec les mentions : *Candidat du Gouvernement, Candidat de l'administration* ou *Candidat officiel.*

3. Sont nuls de nullité absolue les bulletins de vote portant les noms des individus compris dans les catégories ci-dessus désignées. Ces bulletins ne seront pas comptés dans la supputation des voix.

4. Le ministre de l'intérieur est chargé de l'exécution du présent décret.

Fait à Bordeaux, le 31 janvier 1871.

Signé : Ad. Crémieux, L. Gambetta, Glais-Bizoin, L. Fourichon.

L'école républicaine ne connaît que les mesures les plus arbitraires, tous les moyens lui sont bons pour imposer ses volontés ; commissaires aux pouvoirs illimités, suspension de toutes les assemblées nommées par le pays, dictature, tout, pourvu que le pouvoir reste entre les mains de la coterie.

APPENDICE B

Listes des principaux écrits à consulter :

EN ANGLETERRE

*Election of representatives parliamentary and municipal*, et généralement tous les nombreux écrits de M. Hare.

*Hare's Reform bill simplified and explained*, by H. Fawcett.

Earl Grey. — *Parliamentary government considered with reference to Reform.*

J. Stuart Mill. — *Thoughts on parliamentary Reform*, et la plupart des ouvrages si consciencieux de M. Mill.

Garth Marshall. — *Majorities and Minorities, their relative rights.*

*On the cumulative Vote.*

H. R. Droop. — *On the Political and social effects of different methods of Electing representatives.*

Clair J. Grece. — *Upon negative Voting.*

Fawcett. — *On various schemes for securing proportional representations.*

*A short explanation of M. Hare's scheme on Representations.*

*An American on Representation.*

W. Bailly. — *Proportional Representation in large constituencies.*

J. Thornthon Hoskins.— *A Modification of M. Hare's schem.*

*For the Election representatives.*

*The cumulative method of voting, its nature, operation and effects as exhibited in the late school board Elections.*

### EN AMÉRIQUE

J. Fisher. — *Reform in our municipal Elections.*

S. Stern. — *On representative Government and personal Representation.*

### EN SUISSE

E. Naville. — *La Question électorale en Europe et en Amérique.*

*Théorie et pratique des élections représentatives.*

*De la Réforme électorale en France*, etc., etc.

M. Naville, fondateur président de l'association réformiste de Genève, a publié les écrits les plus consciencieux et les plus clairs sur la réforme électorale. Apôtre convaincu de la nécessité de la réforme, c'est certainement à lui que l'on doit les travaux les plus utiles.

A. Morin.— *Un nouveau système électoral.*

*Exposition et système de la liste libre.*

*De la représentation proportionnelle appliquée aux élections fédérales, etc., etc.*


## EN FRANCE

J. W. B. (Briand). — *Le Droit des minorités et le problème électoral.*

Baron de Layre — *Les Minorités et le suffrage universel.*

M. Chenu. — *Le Droit des minorités, leur avénement politique.*

Tony Moilin. —*Le Suffrage universel.*

A. Hayem. — *La Démocratie représentative.*

Aubry Vitet. — *Le Suffrage universel dans l'avenir.* (Revue des Deux-Mondes, 15 mai 1870).

*Le Suffrage universel et le droit des minorités* (Correspondant, juin 1870).

J. Borely. — *Nouveau système électoral, représentation proportionnelle de la majorité et des minorités.*

Duc d'Ayen. — *De la Représentation des minorités.*

Houres. — *De la Représentation proportionnelle.*

Taine. — *Du Suffrage universel et de la manière de voter.*

E. de Laveleye. — *Essai sur les formes du gouvernement dans les sociétés modernes.*

**Marquis de Castellane.** — *Essai sur l'organisation du suffrage universel en France*, etc., etc.

J'avoue humblement mon ignorance quant aux travaux publiés, en Italie et en Allemagne, particulièrement par Blontschli.

---

APPENDICE C

Exemple de ce que pourrait être un tableau de la valeur du vote.

|  | Valeur du vote. |
|---|---|
| *Famille.* | |
| Au bout de cinq ans de mariage | 5 |
| Après vingt ans de mariage. | 10 |
| *Fonctions électives.* | |
| Conseiller municipal. | 10 |
| Maire. | 15 |
| Conseiller général. | 30 |
| Député. | 15 |

Tout citoyen ayant exercé ces diverses fonctions, pendant dix ans, et ne les exerçant plus :

|  |  |
|---|---|
| Conseiller municipal. | 5 |
| Maire | 10 |
| Conseiller général | 15 |
| Député. | 25 |
| *Magistrature.* | |
| Juges de paix | 5 |
| Juges de paix, après cinq ans d'exercice | 10 |
| Les membres de la magistrature assisse et debout. | 10 |
| Après dix années d'exercice. | 20 |

Conseiller à la Cour des comptes. . . . . . . 10
Conseillers d'État . . . . . . . . . . . . . 20
Conseillers à la Cour de Cassation . . . . . . 20

*Clergé.*

Curé d'une paroisse, quelle que soit son importance. . . . . . . . . . . . . . . . . . 5
Curés et vicaires, après dix années de ministère. . . . . . . . . . . . . . . . 10
Grands vicaires, évêques, archevêques. . . . 25
*Sous-préfets, préfets.* . . . . . . . . . . . 10
Après cinq années d'exercice. . . . . . . . 20
*Chefs de division des ministères, après cinq années.* . . . . . . . . . . . . . . . . 15

*Armée, marine.*

A partir du grade de lieutenant, dans l'armée, et d'enseigne dans la marine. . . . . . . 5
A partir du grade de chef de bataillon dans l'armée, et de capitaine de frégate dans la marine. . . . . . . . . . . . . . . . . . 15
A partir du grade de colonel dans l'armée, et de capitaine de vaisseau dans la marine . . . . 20

*Diplomatie.*

Consul, après cinq années d'exercice. . . . . 10
Premiers secrétaires, chargés d'affaires, ambassadeurs. . . . . . . . . . . . . . . . 20

*Grades universitaires.*

Licence . . . . . . . . . . . . . . . . . . 5
Doctorat. . . . . . . . . . . . . . . . . . 10

*Légion-d'Honneur.*

 Chevaliers et officiers . . . . . . . . . . . . . .   5
 Commandeurs, grand'-croix, grands-officiers.   15

*Commerce, industrie.*

 Tout citoyen exerçant un commerce, pour son compte, ayant maison, boutique, établissement, manufacture, payant patente . . . . . .   5
 Après cinq années. . . . . . . . . . . . . . .   15
 *Notaires, membre des chambres de commerce, agents de change, commisseurs-priseurs.* . . . . .   5
 Après dix années d'exercice. . . . . . . . .   15

*Propriété.*

 Tout citoyen payant trois cents francs d'impôts. . . . . . . . . . . . . . . . . . . . . . .   5
 Payant mille francs d'imposition. . . . . . .   10
 Et par chaque mille francs, le chiffre de la valeur du vote s'augmenterait de . . . . . . .   5

*Droit des femmes.*

 Dans bien des cas, la femme exerce par elle-même un commerce, une industrie ; elle paye patente. Qu'elle ne soit pas mariée, soit veuve et tutrice de ses enfants mineurs, elle acquitte en son nom personnel ses impositions à l'État. La question du vote des femmes a été souvent posée, jamais résolue. Sans essayer de la trancher aujourd'hui, ne serait-il pas juste, dans les cas mentionnés ci-dessus, que la femme puisse donner procuration à quelqu'un d'exercer son droit ?

 *Les chiffres de la valeur du vote peuvent-ils être ac-*

*cumulés?* Il semble juste qu'ils le soient sans toutefois pouvoir dépasser la valeur la plus élevée qui serait *cent.*

## Le vote est-il secret ?

Le vote peut être secret. Pour cela il suffit que l'électeur, après que le bureau a constaté la valeur du vote inscrit sur le bulletin, dépose autant de bulletins qu'il a droit à d'unités. Mais pourquoi imposerait-on, comme on le fait aujourd'hui, l'obligation du secret? Dans la plupart des cas, l'électeur aimerait à voter à bulletin ouvert, et l'opération serait alors grandement simplifiée.

## Pénalité

La pénalité devrait, il nous semble, être en rapport avec la valeur du vote. L'électeur qui ne remplirait pas son devoir serait passible, pour chaque scrutin, d'une amende de un franc par unité ; l'amende serait donc graduée de un à cent.

Les chiffres indiqués ci-dessus n'ont d'autre importance que de chercher à démontrer qu'un tableau de la valeur ascendante du vote serait facile à dresser, et que les classifications seraient aisées à faire. On peut les augmenter ou les restreindre, élever ou abaisser les chiffres. Nous n'avons que la seule ambition de provoquer les discussions et de nous incliner devant les décisions de l'Assemblée nationale.

APPENDICE D

*Gouvernement représentatif* par J. Stuart Mill, traduction de Dupont White, chap. XIII.

De tous les principes d'après lesquels on peut constituer un corps sagement conservateur, destiné à modérer et à régler l'ascendant démocratique, le meilleur me semble être celui qui avait servi de base au sénat romain, le corps le plus prudent et le plus sagace qui ait jamais administré les affaires publiques. Les défauts d'une assemblée démocratique qui représente le public en général sont les défauts du public lui-même ; le manque d'éducation spéciale et de savoir. Si une chambre représente le sentiment populaire, l'autre devrait représenter le mérite personnel éprouvé et garanti par des services réels, et fortifié par l'expérience pratique. Si l'une est la chambre du peuple, l'autre devrait être la chambre des hommes d'État, un conseil composé de tous les hommes publics qui ont occupés des charges ou des fonctions politiques importantes. Une pareille chambre pourrait être beaucoup plus qu'un corps simplement modérateur. Ce ne serait pas uniquement un frein, mais aussi une force impulsive. Là, le pouvoir de contenir le peuple appartiendrait aux hommes les plus capables et en général les plus désireux de le faire avancer dans toute direction utile. Le conseil auquel serait confié la mission de redresser les erreurs du peuple ne représenterait pas une classe suspecte d'antipathie pour les intérêts du peuple, mais se composerait de ses chefs naturels dans la voie du progrès. Aucune autre manière de constituer une seconde chambre ne réussirait à donner autant de poids et d'efficacité à sa fonction modératrice. Il serait impossible quelque somme de mal qu'il pût empêcher, de décrier comme un pur obstacle un corps qui serait toujours le premier à favoriser le progrès.

Si un pareil sénat pouvait trouver sa place en Angleterre il pourrait être composé des éléments que voici : — tous ceux qui seraient ou qui auraient été membres de la commission législative décrite dans un des chapitres précédents et que je regarde comme un élément indispensable d'un gouvernement populaire bien constitué ; — tous ceux qui seraient ou qui auraient été premiers juges ou présidents d'une des cours supérieures, civile ou criminelle ; — tous ceux qui pendant cinq ans auraient été simples juges ; — tous ceux qui auraient été ministres pendant deux ans ; mais ceux-ci pourraient entrer aussi à la chambre des communes, et s'ils en étaient membres, leur pairie ou droit sénatorial serait suspendu. La condition de temps est nécessaire, afin d'empêcher de nommer ministres certains hommes simplement pour leur donner un siége au sénat ; — tous ceux qui auraient rempli la fonction de commandant en chef, et tous ceux qui ayant commandé une armée ou une flotte auraient été remerciés par le parlement, pour un succès militaire ou naval : — tous ceux qui auraient rempli pendant 10 ans un emploi diplomatique de première classe ; — tous ceux qui auraient été gouverneurs de l'Inde ou de l'Amérique anglaise, et tous ceux qui auraient eu pendant dix ans un gouvernement dans quelque colonie — le service civil permanent serait aussi représenté; on nommerait sénateurs tous ceux qui pendant dix ans auraient rempli les fonctions importantes de sous-secrétaires à la trésorerie, de sous-secrétaires d'État permanents, ou d'autres fonctions également élevées et responsables. Des fonctions légales, politiques, militaires ou navales, pourraient seules donner droit à la dignité de sénateur, etc., etc., etc.

*Parliamentary governement*, by Earl Grey.

*Eesays and lectures on social and political subjects*, by Henry Fawcett, m. p. chap. XII, *the House of Lords*.

---

APPENDICE E

*Conseillers généraux*. — Les conseillers généraux forment un corps considérable, une élite de la nation; ils ont déjà la sanction du suffrage universel. On pourrait les réunir par groupes de trois conseils généraux, alternativement à chacune des trois préfectures, et leur faire nommer à trois siéges à la haute assemblée. Afin de laisser plus de latitude à leur libre choix, ils pourraient choisir en dehors de leur sein. En réunissant ainsi ensemble trois conseils généraux, on évite de tomber dans une coterie et on donne plus d'autorité au suffrage.

*Clergé*. — Il est de toute justice que l'épiscopat

soit largement représenté dans la haute assemblée. Les quatre-vingt-dix évêques et archevêques de France auraient à nommer *parmi eux* à cinq siéges. Ils se réuniraient alternativement à chaque archevêché, et ne se constitueraient en assemblée que pour pourvoir au remplacement de deux siéges au moins devenus vacants.

*Magistratures, cours impériales.* — Les vingt-sept cours impériales comptent chacune huit présidents. Ces deux cent seize magistrats, réunis alternativement à chaque siége de cour, auraient à envoyer dix d'entre eux à la haute assemblée. Ils ne se réuniraient que lorsque deux des siéges qui leur sont attribués seraient devenus vacants.

*Cour de cassation, cour des comptes.* — Les conseillers à la cour de cassation nommeraient un d'entre eux à la haute assemblée; de même la cour des comptes.

*Ordre des avocats.* — Les bâtonniers en exercice et les anciens bâtonniers auraient à envoyer cinq d'entre eux siéger dans la haute assemblée. Le corps des avocats est trop considérable par le patriotisme et le talent pour ne pas être représenté dans cette assemblée, composée des notabilités de tous les ordres. Trop nombreux pour se réunir en corps entier de tous les points de la France, les bâtonniers nommés déjà par une élection directe représentent, il nous semble, l'élite de ce grand corps.

*Chambres de commerce.* — Les soixante-neuf chambres de commerce pourraient être groupées en cinq grandes agglomérations, ayant un grand nombre d'intérêts communs : Nord, Est, Sud, Ouest et Centre. Chaque chambre commencerait par nommer dans son sein quatre électeurs, lesquels, réunis alternativement dans chaque siége de chambre de commerce du groupe dont ils feraient partie, auraient à envoyer à la haute assemblée cinq membres qu'ils pourraient élire en dehors de leur sein.

*Armée.* — Les généraux de division et de brigade (au nombre environ de 450 à 500) se réuniraient à Paris, et auraient à nommer vingt d'entre eux pour occuper vingt siéges dans la haute assemblée ; ils n'auraient à se réunir que pour vaquer au remplacement de cinq.

*Marine.* — De même que pour l'armée de terre, les amiraux (au nombre à peu près de 75 à 80) se réuniraient à Paris ou à chaque préfecture maritime alternativement, et nommeraient cinq d'entre eux à cinq siéges à la haute assemblée. Ils n'auraient qu'à vaquer en remplacement de deux siéges au moins à la fois.

*Académies.* — Les cent cinquante membres à peu près, composant les cinq Académies, seraient réunis à Paris en un seul corps pour nommer cinq d'entre eux à la haute assemblée. Ils se réuniraient à chaque vacance.

Voilà donc dix grands corps électoraux composés, on peut l'affirmer, de l'élite du pays, pouvant se réunir facilement et envoyant à la Chambre, qui jusqu'à présent n'avait été composée que par la faveur du souverain, toutes les notabilités et les illustrations les plus populaires. On arrive par ces diverses élections à un chiffre de *cent trente-six membres*.

*Membres de droit.* — A ce chiffre, il faut ajouter les cardinaux, les maréchaux et les amiraux, qui devraient faire partie de droit de la haute assemblée. Si celui élevé à l'une de ces dignités en faisait déjà partie, ce qui arriverait probablement dans la plupart des cas, on considérerait son élévation comme une vacance dans le corps par lequel il aurait déjà été élu.

*Option des membres du Corps législatif.* — Un député qui, pendant trois sessions consécutives, aurait été nommé par la même circonscription devrait pouvoir, à son choix, ou continuer à briguer le mandat de député, ou faire partie de droit de la haute assemblée.

*Choix du souverain.* — Il faudrait enfin que le souverain dans une monarchie, ou le pouvoir exécutif dans un gouvernement républicain, eût à sa disposition un certain nombre de siéges, que l'on pourrait fixer à vingt, par exemple, afin de pouvoir récompenser des dévouements personnels ou des actions extraordinaires. Ce chiffre ainsi restreint, ne pouvant dans aucun cas être dépassé, dans l'intérêt même du pouvoir, quel qu'il fût, ne pourrait jamais, en aucune façon, influer sur l'indépendance d'une telle Chambre, qui serait bien véritablement *la haute assemblée des notables.*

*Dispositions générales.* — Chaque membre de la haute assemblée serait nommé à vie et jouirait d'une dotation considérable. Il pourrait arriver souvent que le même citoyen fût appelé à faire partie de plusieurs réunions électorales, par exemple, comme conseiller général, comme président de cour impériale et comme académicien : dans ce cas, et si les réunions avaient lieu le même jour, il devrait choisir celle dont il voudrait faire partie ; mais pour cela il ne renoncerait pas au droit inhérent à celles des autres fonctions et dignités dont il serait revêtu. Il aurait la faculté de pouvoir envoyer son vote au bureau du corps dont il serait forcément absent. Le vote aurait lieu à la majorité relative. Il n'y aurait lieu à un second tour de scrutin qu'en cas de partage des suffrages. Chaque corps constituerait son bureau, le vote serait secret. Tout discours, toute discussion politique seraient interdits.

Il serait accordé aux officiers généraux de terre et de mer en activité de service les mettant dans l'impossibilité de se réunir à leur corps, le droit d'envoyer leur vote au bureau de leur assemblée[1].

[1] *Gazette de France,* octobre 1869.

PARIS. — IMP. SIMON RAÇON ET COMP., RUE D'ERFURTH, 1